BEI GRIN MACHT SICH IHR
WISSEN BEZAHLT

Vergleich von zwei Online-Suchmaschinen

Fabian Schnabel

GRIN ☺

Bibliografische Information der Deutschen Nationalbibliothek:

Die Deutsche Nationalbibliothek verzeichnet diese Publikation in der Deutschen Nationalbibliografie; detaillierte bibliografische Daten sind im Internet über http://dnb.d-nb.de abrufbar.

ISBN: 9783346970008
Dieses Buch ist auch als E-Book erhältlich.

Druck und Bindung: Books on Demand GmbH, Norderstedt Germany
Gedruckt auf säurefreiem Papier aus verantwortungsvollen Quellen

Das vorliegende Werk wurde sorgfältig erarbeitet. Dennoch übernehmen Autoren und Verlag für die Richtigkeit von Angaben, Hinweisen, Links und Ratschlägen sowie eventuelle Druckfehler keine Haftung.

Das Buch bei GRIN: https://www.grin.com/document/1416832

Schnabel, Fabian

Assignment

Vergleich von zwei Suchmaschinen

Studiengang:	Wirtschaftsinformatik - Bachelor of Science (B. Sc.)
Modul:	Oberflächen und Usability
Datum:	24.05.2023

Inhaltsverzeichnis Seite

Abbildungsverzeichnis

Tabellenverzeichnis

1 Einleitung

1.1 Begründung der Problemstellung

Besteht im Zuge der Behandlung eines Sachverhalts die Notwendigkeit der Informationsbeschaffung kann dies auf unterschiedlichster Art und Weise erfolgen. Das Internet bietet diesbezüglich die größte Menge an Option. Dabei sind unter allen existierenden Arten von Webseiten und Online-Services Online-Suchmaschinen der am häufigsten genutzte Weg. Laut einer Umfrage in Deutschland aus dem Jahr 2022 gaben 98% der befragten Webseitennutzer, die im Alter zwischen 18 und 64 Jahren waren, an Online-Suchmaschinen zu verwenden. Dagegen werden Webshops mit einem deutlich kleineren Anteil von 67% der Umfrageteilnehmer am zweithäufigsten verwendet. Somit sind mit großem Abstand die am meisten genutzte Art der Online-Services in Deutschland. Aufgrund des breiten Angebots von Suchmaschinen, und des daraus resultierenden Wettbewerbs, lohnt es sich den Branchenführer mit dessen Konkurrenz zu vergleichen.[1]

1.2 Aufbau und Zielsetzung der Arbeit

Das Ziel der vorliegenden Arbeit besteht darin zwei ausgewählte Online-Suchmaschinen bezüglich verschiedener Faktoren zu vergleichen und bewerten. Hierfür werden zwei Online-Suchmaschinen selektiert, zwei Personas für eine Suchmaschine entworfen und drei ausgewählte praktische Anwendungsfälle konkretisiert. Unter Berücksichtigung selbst definierter Usability-Kriterien werden die Suchmaschinen abschließend ganzheitlich bewertet.

Zu Beginn werden die theoretischen Grundlagen bezüglich Suchmaschinen, Personas und Usability geklärt. Im Anschluss daran erfolgt die Auswahl von zwei Online-Suchmaschinen, sowie die Beschreibung von zwei Personas, die im darauffolgenden Kapitel in drei ausführlich beschriebe Anwendungsfälle einbezogen werden. Nach der Beschreibung der Anwendungsfälle werden fünf Usability-Kriterien definiert und in die Umsetzung der Use Cases integriert. Dies erlaubt eine spezifische Bewertung jeder einzelnen Durchführung, sowie eine Gesamtbewertung beider Suchmaschinen. Am Schluss wird eine Dokumentation der wichtigsten Ergebnisse der Arbeit, gefolgt von einer kritischen Würdigung, dargestellt.

---

[1] Statista (2023a), Onlinequelle

2 Theoretische Grundlagen und Begriffsdefinitionen

2.1 Online-Suchmaschine

Die gezielte Suche nach relevanten Informationen unter Betrachtung der allgemein zur Verfügung stehenden Datenmenge stellt nicht selten eine große Herausforderung dar. Da das Internet eine erhebliche Menge an undurchsichtigen Informationen enthält kommen diesbezüglich Online-Suchmaschinen, welche spezielle Suchalgorithmen bereitstellen, zum Einsatz, damit die Suche so effizient und effektiv wie möglich gestaltet werden kann. Diese können als „…ein auf einen bestimmten Namen lautendes Programm im Internet, das mithilfe umfangreicher, aus Internetadressen bestehender Datenbanken die gezielte Suche nach Informationen im Internet ermöglicht…"[2] definiert werden. Dabei ist der Anspruch an eine Online-Suchmaschine automatisiert alle gesuchten Inhalte aus dem Web weitestgehend vollständig zu erfassen, nach festgelegten Kriterien zu bewerten, in einer festgelegten Reihenfolge darzustellen und diese umfangreiche Menge an Dokumenten im Internet somit durchsuchbar zu machen. Indem die Suchmaschine die Dokumente indiziert und die Ergebnisse anschließend in einer Tabelle abspeichert kann zu einer Suchanfrage augenblicklich eine Trefferliste bereitgestellt werden. Das Ergebnis zu einer spezifischen Suchanfrage, welches vor allem durch das Ranking der Einträge charakterisiert ist, basiert auf Faktoren, welche je nach Betreiber der Online-Suchmaschinen unterschiedlich gewichtet werden. Weiterhin werden die Daten der Person, die den Dienst in Anspruch nimmt, und das persönliche Nutzungsverhalten in die Ausgabe des Resultats mit einbezogen.[3] [4]

2.2 Persona

Interaktive Systeme sind durch einen intensiven Dialog mit dem Benutzer gekennzeichnet. Das System, beziehungsweise die Software, soll dem Nutzer dabei helfen seine individuellen Ziele durch eine effiziente Problemlösung zu erreichen. Damit sich im Rahmen der Softwareentwicklung auf der Seite der Entwickler ein besseres Benutzerverständnis etablieren kann werden Personas konzipiert, welche die Rolle fiktiver Benutzer einnehmen. Hierfür werden einzelne Modelle entwickelt, welche jeweils einen Teil einer Anwendergruppe vertreten sollen. Die Charakterisie-

---

[2] Eichstädt/Spieker (2021), S. 11
[3] vgl. Lewandowski (2021), S. 17 - 19
[4] vgl. Eichstädt/Spieker (2021), S. 11, 14, 16

rung der Zielgruppen ermöglicht demzufolge eine Einschätzung von Entwurfsentscheidungen bezüglich ihrer Wirkung auf die definierten Benutzergruppen. Zu den Eigenschaften einer Persona zählen unter anderem demographische Faktoren, wie das Alter, Geschlecht und der Familienstand, sowie dessen Ausbildung und Fähigkeiten, welche stark mit dem vorauszusetzenden Vorwissen in Verbindung gebracht werden. Weitere Merkmale sind persönliche Ziele der Persona bezüglich des Produkts unter Berücksichtigung der zu erledigenden Aufgaben, sowie Gewohnheiten, die häufig durch den Beruf oder das Hobby geprägt werden. Auch an der vorhandenen technologischen Ausstattung orientieren sich konzeptionelle Entscheidungen maßgeblich. Hinsichtlich der Informationsbeschaffung zur Erstellung von Personas können einerseits umfangreiche Analysen von existenten potentiellen Benutzern durchgeführt werden oder andererseits Persona-Hypothesen ausgeführt werden, welche auf reinen Annahmen basieren.[5] [6]

2.3 Usability

Die Usability eines Produkts, welche mit den Begriffen Gebrauchstauglichkeit oder Benutzerfreundlichkeit übersetzt wird, bezeichnet gemäß ISO 9241-11 „...das Ausmaß, in dem ein Produkt von einem Benutzer verwendet werden kann, um bestimmte Ziele in einem bestimmten Kontext effektiv, effizient und zufriedenstellend zu erreichen."[7] Ein Produkt ist somit besonders gebrauchstauglich, wenn es den Benutzer nachhaltig und zeitsparend beim Bewältigen der zu erledigenden Aufgaben unterstützt. In Anbetracht der obigen Definition lassen sich nachfolgend im Kontext von Suchmaschinen drei Hauptkriterien für eine optimale Usability ableiten. Hierzu zählt primär eine komfortable und zielführende Suche nach den gewünschten Informationen. Das zweite Kriterium fordert im Zusammenhang mit dem Ersten eine effiziente, also von einer kurzen Dauer gekennzeichnete, Recherche. Konkret bedeutet dies, dass die Anzahl der Schritte zur Erreichung des Ziels so gering wie möglich gehalten werden sollen. Das letzte Kriterium behandelt die Nutzungshäufigkeit, welche maßgeblich durch einen einfachen Suchvorgang und der Bedeutung der dargelegten Ergebnisse hinsichtlich der Problemlösung beeinflusst wird. Durch die Messung von spezifischen Kennzahlen wie der *Erfolgsrate*, die den Anteil erfolgreich durchgeführter Suchen wider-

---

[5] vgl. Beneken/Hummel/Kucich (2022), S. 129 ff.
[6] vgl. Preim/Dachselt (2015), S. 45 f., 90 ff.
[7] DIN EN ISO 9241-11:2018-11 (2018), Kapitel 3.1

spielgelt, oder der *Time to Task*, welche die Zeitspanne vom Beginn der Suche bis zur Lösungs-findung angibt, kann die Usability angesichts der zuvor genannten Kriterien gemessen und bewertet werden.[8] [9]

3 Auswahl und Vergleich von zwei Online-Suchmaschinen

3.1 Auswahl der Suchmaschinen

Der Autor wird folgend zwei Online-Suchmaschinen selektieren und diese jeweils auf dessen Effizienz, Effektivität und Benutzerzufriedenstellung bewerten.

3.1.1 Google

Die erste Auswahl fällt auf die Online-Suchmaschine Google (URL: https://www.google.de). In Deutschland kam diese Suchmaschine im Januar 2023 für 90,6% aller Suchvorgänge mit Desktop-PCs und mobilen Endgeräten zum Einsatz. Mit einem Abstand von ca. 85 Prozentpunkten zum zweiten Platz ist Google somit alleiniger Marktführer.[10]

Im weiteren Verlauf wird die Online-Suchmaschine Google vom Autor hinsichtlich Effizienz, Effektivität und Benutzerzufriedenstellung bewertet (Definitionen der Kriterien siehe Kapitel 2.3 Usability).

Eine Suchmaschine ist effizient, wenn die Zeitspanne vom Beginn der Suche bis zum Erhalt des Ergebnisses von kurzer Dauer geprägt ist. Der Nutzer soll demnach schnell und mit einer möglichst geringen Anzahl an Schritten an sein Ziel gelangen. Für Google spricht in Hinblick auf die Effizienz eine sichtbare Einfachheit des User-Interfaces. Beim Laden der Seite ist das Suchfeld für Texteingaben bereits im Voraus ausgewählt, wodurch der Nutzer unmittelbar Eingaben tätigen kann. Zudem besteht die Möglichkeit von Sucheingaben per Sprache oder Bilder, was sämtliche Tastaturanschläge erspart und in einem massiven Zeitgewinn resultiert. Während der Konstruktion der Suchanweisung werden potentiell geeignete Ausdrücke zu dessen Vervollständigung vorgeschlagen, damit der Nutzer weniger Schwierigkeiten bei der Definition seines Ziels hat. Die Darstellung der Ergebnisse erfolgt dabei in übersichtlicher Art und Weise dargestellt. Jeder Treffer,

---

[8] vgl. Richter/Flückiger (2016), S. 10 - 12
[9] vgl. Quirmbach (2012), S. 60 - 62
[10] Statista (2023b), Onlinequelle

der stets einem Verweis auf einen anderen Ort im Internet entspricht, besteht aus einer schlagkräftigen Überschrift und kurzen Zusammenfassung der für die Suche ausschlaggebenden Inhalte. Durch Scrollen kann anschließend ein sinnvoller Beitrag selektiert werden. Zuletzt sind außerdem das sogenannte *knowledge panel*, beziehungsweise die *Info-Box*, welche nach der Ausgabe der Suchergebnisse in kompakter Form zielführende Textausschnitte zum Thema und weiterführende Links darlegt, sowie die Darstellung von engverwandten Fragen und entsprechenden Antworten anderer Nutzer bezüglich der Suchanfrage, zu erwähnen.

Eine gute Effektivität ist gegeben, wenn die Zielerreichung durch die von Google zur Verfügung gestellten Funktionen wirksam gefördert wird. Grundsätzlich müssen die ausgegebenen Ergebnisse im Rahmen der Nutzeranforderungen relevant sein und das gesamte Vorgehen des Nutzers sollte zudem von durchgehender Leichtigkeit geprägt sein. Diesbezüglich ist Google in der Lage Suchergebnisse anhand von Bedingungen einzugrenzen. Demzufolge kann der Nutzer kann unter anderem ausgegebene Dokumente geographisch einschränken oder personalisierte Ergebnisse einrichten, was die Wahrscheinlichkeit der Zielerreichung durch die Berücksichtigung von personenbezogenen Merkmalen und früheren Suchen weiter erhöht. Weiterhin prüft Google die Richtigkeit der Schreibweise für alle eingegebenen Begriffe. Dazu werden Rechtschreibfehler erkannt und anschließend innerhalb eines korrigierten Vorschlags als neue Suchanfrage angeboten, um die Trefferwahrscheinlichkeit nochmals zu erhöhen. Des Weiteren kann der angezeigte Inhalt der Suche über ein Navigationsmenü auf eine Kategorie begrenzt werden. Handelt es sich beim geforderten Ergebnis zum Beispiel um ein Bild können die Ergebnisse auf diesen Typ begrenzt werden. Weitere Auswahlmöglichkeiten sind unter anderem Video, Shopping, News, Maps oder Bücher.

Zuletzt folgt die Bewertung der Benutzerzufriedenheit der Online-Suchmaschine. Das Ausmaß basiert maßgeblich auf den beiden vorhin ausgeführten Faktoren Effizienz und Effektivität. Werden diese in einem guten Maße erreicht kann mit einem positiven Nutzungserlebnis und folglich einer hohen Nutzungshäufigkeit gerechnet werden. Wird der hohe Marktanteil von Google in Betracht gezogen spiegelt dieser eine regelmäßige Nutzung wider, welche sich aus der Erreichung der Nutzeranforderungen ergibt und demzufolge eine ausgesprochen gute Zufriedenstellung repräsentiert.[11]

---

[11] vgl. Quirmbach (2012), S. 61

3.1.2 Bing

Im Selektionsverfahren der Online-Suchmaschinen fällt die zweite Wahl auf Bing, den größten Mittbewerber im Markt (https://www.bing.com). Im Vergleich zu Google liegt die Höhe des Marktanteils hinsichtlich der Suchvorgänge mit Desktop und mobilen Endgeräten im Januar 2023 in Deutschland bei lediglich 5,68% und somit deutlich unter dem Vergleichswert.[12]

Im Folgenden wird Bing bezüglich der drei Kriterien Effizienz, Effektivität und Benutzerzufriedenheit bewertet (Definitionen der Kriterien siehe Kapitel 2.3 Usability).

Wenn eine hohe Effizienz im Fokus steht soll die Anzahl der Schritte zur Zielerreichung so gering wie möglich gehalten werden. Hierbei überzeugt Bing durch eine dynamische Suchleiste, welche direkt nach dem Ladevorgang für die Eingabe der Suchanfrage ausgewählt ist. Optional stehen zur Reduktion des Zeitaufwands eine Bild- und Spracheingabe bereit. Im Gegensatz zu Google stellt Bing zusätzlich eine Chat-Funktion mit künstlicher Intelligenz bereit. Diese ermöglicht es komplexe Fragestellungen in Form einer Konversationssuche zu tätigen. Ein durchweg vertrauter Gesprächsverlauf ermöglicht die Schilderung komplexer Sachverhalte und somit Findung entsprechender Lösungen innerhalb eines Suchvorgangs. Jedoch steht diese Funktionen lediglich im Rahmen des Browsers Microsoft Edge zur Verfügung. Nach der Ausführung einer Suchanfrage wird jeder Treffer als ausdrucksvoller Link mit einer zugehörigen Zusammenfassung ausgegeben. Die daraus resultierende Liste ermöglicht durch Scrollen eine schnelle Suche.

Hinsichtlich einer guten Effektivität muss vor allem die wirksame Unterstützung der Suchmaschine in Bezug auf die Lösung des Problems betrachtet werden. Diesbezüglich hilft Bing dem Nutzer bei der Vervollständigung ihrer Sucheingaben, indem nach jedem eingegebenen Suchbegriff weitere Wörter vorgeschlagen werden. Durch diese Auswahlmöglichkeiten kann folglich eine präzisere Definition der Problemstellung stattfinden. Die Auflistung der Suchergebnisse wird nach absteigender Relevanz geordnet, was die Wahrscheinlichkeit eines zielführenden Treffers innerhalb der ersten Seiten deutlich erhöht. Weiterhin bietet Bing eine Spezifizierung der Ergebnisse anhand von Kategorien an, was den Umfang der Trefferliste auf relevante Ergebnisse eingrenzt. Die Kategorisierung beinhaltet unter anderem die Bereiche Bilder, Videos, Karten oder Shopping.

---

[12] Statista (2023b), Onlinequelle

Innerhalb der Bildersuche stehen zusätzliche Funktionen bereit, wie beispielsweise die Themensuche, welche anhand der im Bild dargestellten Inhalte Webseiten mit übereinstimmenden Themen, oder die direkte Verlinkung zum Herausgeber der Darstellung, bereitstellt.

Am Schluss wird die Benutzerzufriedenheit der Suchmaschine bewertet, welche sich insbesondere in der Nutzungshäufigkeit widerspiegelt. Global kann hierbei ein steigender Trend zur Nutzung dieser Suchmaschine beobachtet werden. Während im Januar 2015 lediglich 4,53% aller Desktop-Suchen weltweit mit Bing stattgefunden haben ist der Anteil im Oktober 2022 bis auf 9,92% gestiegen. Aus der steigenden Nutzungshäufigkeit lässt sich demnach auch eine steigende Benutzerzufriedenheit erkennen. Dabei überzeugt Bing durch ein optisch ansprechendes Interface mit unterstützenden Grafiken, kurzen Ladezeiten bezüglich Suchvorgänge und relevanten Ergebnissen bezüglich der Problemlösung. Diese Faktoren sorgen für ein positives Nutzererlebnis und wirken sich folglich in positiver Weise auf die Nutzungshäufigkeit aus.[13] [14]

3.2 Beschreibung von zwei Personas

Nachfolgend werden zwei Personas für die Umsetzung der Use Cases konzipiert. Jede Persona umfasst dabei die Attribute Bezeichnung, Name, Alter, Geschlecht, Ziele, durchzuführende Aufgaben, technische Ausstattung und Wissen.

3.2.1 Persona „Digitaler Eingeborener"

- Bezeichnung: Digitaler Eingeborener
- Name: Peter
- Alter: 25
- Geschlecht: männlich
- Beruf: Kaufmann für IT-Systemmanagement, nebenbei Studierender Wirtschaftsinformatiker
- Ziele/Erwartungen an die Webseite: Präzise Suchergebnisse hinsichtlich der Problemstellung, zeitsparende Suche
- Auf der Webseite durchzuführende Aufgaben: Bestellprozesse für IT-Systeme, Informationssuche bezüglich IT-Komponenten, Literaturrecherche

---

[13] Statista (2023c), Onlinequelle
[14] vgl. Sarman (2023), Onlinequelle

- Technische Ausstattung: Desktop-PC, Tablet, Smartphone
- Wissen/Erfahrung: Allgemeine Hochschulreife, ausgeprägte IT-Kompetenzen hinsichtlich einer abgeschlossenen Ausbildung als Fachinformatiker und des ausgeübten Berufs, weiterhin wachsendes Wissen durch das laufende Studium

3.2.2 Persona „Digitaler Immigrant"

- Bezeichnung: Digitale Immigrantin
- Name: Emma
- Alter: 55
- Geschlecht: weiblich
- Beruf: Verkäuferin
- Ziele/Erwartungen an die Webseite: Geringe Komplexität bezüglich des Suchvorgangs, Bereitstellung von Hilfestellungen in Bezug auf die Benutzung der Suchmaschine, so schnell wie möglich viele Informationen zu einem Thema erhalten
- Auf der Webseite durchzuführende Aufgaben: Einfache Kaufvorgänge, Triviale Informationssuche
- Technische Ausstattung: Laptop, Smartphone
- Wissen/Erfahrung: Keine bis wenig Kompetenzen im Umgang mit IT-Systemen, mittlerer Schulabschluss ohne tiefere IT-Kenntnisse

3.3 Erläuterung von drei Use Cases für Suchmaschinen

Nachfolgend werden drei Use Cases, auch Anwendungsfälle genannt, beschrieben, welche jeweils durch eine der beiden zuvor definierten Personas ausgeführt wird. Unter einem Use Case wird grundsätzlich ein expliziter Handlungsablauf verstanden, welcher entweder von einem menschlichen oder maschinellen Akteur durchgeführt wird. Der Anwendungsfall wird dabei innerhalb seiner Einzelfunktionen in Form einer fixen Vorgehensweise beschrieben, welche die Verhaltensweise des Softwaresystems hinsichtlich Transaktionen, Anfragen des Nutzers oder anderweitiger Bedingungen, darstellt.[15]

---

[15] vgl. Quirmbach (2012), S. 99

8

Für den Abschluss eines Use Cases ist die Abwicklung mehrerer Teilschritte vonnöten. Da zudem die Notwendigkeit zur Berücksichtigung diverser Bedingungen besteht bietet sich eine Darstellung als schrittweiser Prozess an, welcher nachfolgend beschrieben wird. Zu Beginn muss die Auswahl der Online-Suchmaschine in Verbindung mit einem geeigneten Browser erfolgen. Der zweite Schritt erfordert eine hinreichend präzise Formulierung und Eingabe des gesuchten Gegenstands in der Suchleiste mit einer anschließenden Sichtung der Ergebnisse auf dessen Relevanz hinsichtlich der Problemstellung. Die Selektion eines sinnvollen Treffers stellt dabei den dritten Handlungsschritt dar. Dieser kann jedoch auch übersprungen werden, falls sich die gesuchte Information bereits auf der Suchergebnisseite befindet. Der letzte Schritt beinhaltet die Evaluierung der konkreten Auswahl. Wird diesbezüglich ein positives Ergebnis geliefert kann eine weiterführende Recherche auf der Webseite des Treffers erfolgen. Ansonsten wird der Prozess erneuert von Schritt drei gestartet.[16]

3.3.1 Use Case 1 „Smartphone Suche"

Innerhalb des ersten Anwendungsfalls sollen die aktuellsten Smartphones auf dem Markt angezeigt werden. Dieser Vorgang dient dem Zweck der Informationsgewinnung, da die Nutzerin den Kauf eines neuen Geräts in Erwägung zieht. Ausgeführt wird der Use Case von der digitalen Immigrantin. Damit der Suchvorgang technisch gestartet werden kann muss ein entsprechender Browser mit bestehender Internetanbindung vorhanden sein. Zudem ist die Auswahl der Suchmaschine erforderlich. Die Persona erwartet in Bezug auf den Dienst Unterstützung bei Sucheingabe, sowie eine zutreffende und angemessene Menge an Ergebnissen in Bezug auf Smartphones, welche zudem in verständlicher Art und Weise dargestellt werden. Die Teilaufgaben, welche dafür von der Persona für den Suchvorgang ausgeführt werden müssen, belaufen sich auf den Aufruf der URL der Suchmaschine und dem Eintippen des Sucheingabe. Letzteres wird durch ergänzende Vorschläge seitens der Online-Suchmaschine gestützt. So lautet die Formulierung im schweren Fall nur „Smartphones", wohingegen die leichte Version mit „Aktuelle Smartphones 2023" betitelt wird. Der Beginn des Suchvorgangs erfolgt durch die Betätigung des digitalen Suchbuttons oder der gleichbedeutenden Enter-Taste auf der physischen Tastatur. Der Anwendungsfall kann dabei als korrekt ausgeführt eingestuft werden, wenn auf der Ergebnisseite Kurzübersichten zu aktuellen Smartphones und dementsprechende, weiterführende Links bereitgestellt werden. Dabei sollten

---

[16] vgl. Lewandowski (2021), S. 17 - 19

die Webseiten entsprechende Informationen zu den Geräten, sowie eine Kaufoption, zur Verfügung stellen.

3.3.2 Use Case 2 „Literaturrecherche"

Im zweiten Anwendungsfall soll die Persona digitaler Eingeborener Literatur zum Thema Online-Suchmaschinen für die Ausarbeitung einer Hausarbeit finden. Zur Ausführung müssen zuerst alle maschinellen Bedingungen erfüllt sein, die sich aus dem Vorhandensein eines Internetzugangs, einem installierten Browser und der Auswahl einer Suchmaschine zusammensetzen. Vom Nutzer wird ein effizienter Suchvorgang erwartet, der konkrete, wissenschaftliche Bücher bezüglich des Themas Online-Suchmaschinen ausgibt. Um den Suchvorgang zu starten muss die URL der gewählten Suchmaschine aufgerufen werden. Die einfache Suchanfrage lautet „Wissenschaftliche Literatur Online-Suchmaschinen", während der schwere Fall lediglich mit „Online Suchmaschinen" bezeichnet wird. Damit die Suche als erfolgreich bewertet werden kann sollten die relevantesten Titel direkt auf der Ergebnisseite mit kurzen Inhaltszusammenfassungen dargestellt werden. Weiterhin ist die Möglichkeit zur Einschränkung der Suchergebnisse auf Treffer der Kategorie *Bücher* mit der Option weitere Filter setzen zu können hinsichtlich eines effektiven Suchvorgangs vonnöten. Alle weiterführenden Links sollten zudem den vollständigen Erwerb der Artikel ermöglichen.

3.3.3 Use Case 3 „Bildersuche"

Der dritte und letzte Use Case befasst sich mit der Bildersuche nach weißen Schuhen der Marke Nike. Nach dem Abschluss der Suche soll die Bilddatei in Form einer JPG-Datei vorliegen. Die auszuführende Persona wird hierbei durch die digitale Immigrantin vertreten. Gleich der anderen beiden Anwendungsfälle müssen als technische Vorbedingungen ein Internetanschluss, ein installierter Browser und die Selektion einer Suchmaschine gegeben sein. Die Nutzerin erwartet sich von der Suchmaschine letztendlich eine konkrete, herunterladbare Bilddatei im JPG-Format, die den gesuchten Inhalt darstellt. Während des Suchvorgangs soll die Suchmaschine unterstützen, indem Rechtschreibfehler bei der Eingabe verbessert werden und das Ziel somit leichter erreicht werden kann. Zu Beginn des Prozesses wird die URL der Suchmaschine aufgerufen, gefolgt von der Eingabe der Suchbegriffe. Die Ausformulierung der leichten Suchanfrage lautet „Nike Schuhe weiß", wobei lediglich „Nike Schuhe" für den schweren Fall gilt. Nach der Ausführung des Suchvorgangs soll die Eingrenzung der Treffer anhand von Kategorie, sowie das Setzen von Filtern bezüglich der Farbe und des geforderten Dateityps möglich sein. Demnach kann der Suchvorgang als erfolgreich kategorisiert werden, wenn unter den genannten Bedingungen eine Menge an verwendbaren Bildern im JPG-Format von weißen Nike Schuhe ausgegeben wird, die zudem herunterladbar ist.

3.4 Definition von Usability-Kriterien für Suchmaschinen

Angesichts des zuvor definierten Begriffs der Usability (siehe Kapitel 2.3 Usability) werden im Nachfolgenden Verlauf fünf Usability-Kriterien für die Umsetzung der Use Cases vom Autor hergeleitet.

3.4.1 Usability-Kriterium 1 Einfache Fehlerbehebung

Die *einfache Fehlerbehebung* beschreibt die Toleranz bezüglich eines fehlerhaften Umgangs der Webseite durch den Benutzer. Werden Falscheingaben oder nicht vorgesehene Aktionen getätigt muss das System angemessene Vorschläge zu dessen Behebung bieten. Hinsichtlich einer Suchmaschine müssen demnach Rechtschreibfehler bei der Sucheingabe erkannt und verbessert werden. Zudem wird die einfache Fehlerbehebung durch die Anzeige von Suchvorschlägen während der Eingabe der Suchanfrage gestützt.

3.4.2 Usability-Kriterium 2 Individualisierbarkeit

Die *Individualisierbarkeit* ermöglicht es dem Benutzer, die Webseite im Rahmen der Systemgrenze nach seiner individuellen Vorstellung zu konfigurieren und somit an den Nutzerkontext anzupassen. Demzufolge muss eine Suchmaschine in der Lage sein Suchergebnisse nach individuellem Interesse einzugrenzen. Entsprechende Funktionen zur Regulierung der ausgegebenen Menge oder des Inhalts werden daher vorausgesetzt.

3.4.3 Usability-Kriterium 3 Aufgabenangemessenheit

Die *Aufgabenangemessenheit* bezeichnet die Eignung eines Systems zur Lösungsfindung hinsichtlich der Problemstellung. Demnach muss der Nutzer der Webseite, durch die Bereitstellung wesentlicher Funktionen, bei der Erreichung seiner Ziele unterstützt werden. Bezüglich der Suchmaschine steht folglich eine schnelle Ausgabe von relevanten Ergebnissen im Vordergrund.

3.4.4 Usability-Kriterium 4 Erwartungskonformität

Wenn das verwendete Produkt der erwarteten Leistung entspricht wird das Kriterium der *Erwartungskonformität* eingehalten. Die Berechenbarkeit, Durchgängigkeit und Beständigkeit eines Prozesses oder Systems sind dabei von großer Wichtigkeit und bestimmen, ob die Erwartungen erfüllt werden. In Bezug auf Suchmaschinen bedeutet dies eine gleichartige Darstellung der Suchergebnisse, welche der Erwartungshaltung des Nutzers entsprechen.

3.4.5 Usability-Kriterium 5 Anbieten einer Hilfestellung

Das *Anbieten einer Hilfestellung* stellt den Zugang zu einem abgegrenzten Bereich dar, welcher sich ausschließlich mit Problemen der Webseite und den dazugehörigen Dokumentationen zur Lösungsfindung befasst. Dieser soll schnell und einfach zugänglich sein und den Nutzer in Anbetracht seiner Probleme unterstützen. Für die Suchmaschine bedeutet das konkret, dass die Verlinkung auf diesen Hilfebereich gut erkennbar, sowie die Struktur des Hilfebereichs selbst unmissverständlich sein muss.

3.5 Umsetzung der Use Cases

Die Umsetzung der Use Cases erfordert festgelegte Rahmenbedingungen, damit die Vergleichbarkeit im später stattfindenden Bewertungsvorgang hinsichtlich der Online-Suchmaschinen gewährleistet ist.

In technischer Hinsicht wird ein 15,6" Windows Notebook von HP verwendet. Die Durchführung der Anwendungsfälle erfolgt durch den Einsatz des Browsers Google Chrome in der Version 113.0.5672.93 (64-Bit). Durch das Löschen der Browserdaten vor jeder einzelnen Ausführung werden Verzerrungen des Gesamtergebnisses vermieden. Außerdem ist eine stabile Internetverbindung sichergestellt.

Die Vorgehensweise zur konkreten Umsetzung jedes Use Cases wird dabei folgendermaßen strukturiert. Der Tester führt in der Rolle einer Persona unter Berücksichtigung der entsprechenden individuellen Kompetenzen und Erwartungshaltung die beschrieben Anwendungsfälle aus (siehe Kapitel 3.3 Erläuterung von drei Use Cases für Suchmaschinen). Dabei wird jeweils der Grad der Erfüllung der zuvor definierten Usability-Kriterien betrachtet (siehe Kapitel 3.4 Definition von Usability-Kriterien für Suchmaschinen). Der Tester beschreibt demnach positive und negative

Eindrücke innerhalb jeder einzelnen Durchführung. Eine detaillierte numerischen Bewertung der Erfüllungsgrade der Usability-Kriterien folgt in Kapitel 3.6.

3.5.1 Ausführung in Google

3.5.1.1 Use Case 1 „Smartphone Suche"

Die erste Suchanfrage dreht sich um die Suche nach aktuellen Smartphones des laufenden Jahres. Im leichten Fall lautet die konkrete Formulierung der in die Suchleiste eigegebenen Suchanfrage „Aktuelle Smartphones 2023". Erwartet wird hierbei eine deutlich eingeschränkte Trefferliste durch die Verwendung eines Adjektivs und einer Datumsangabe. Im schweren Fall, welcher lediglich aus „Smartphones" besteht, fehlen diese Angaben. Ausgeführt wird der Anwendungsfall von der digitalen Immigrantin, wodurch die Erwartungen an eine Hilfestellung bei der Sucheingabe, sowie an eine leicht verständliche und übersichtliche Darstellungsweise der Ergebnisliste, hoch sind.

Abbildung 1: Hilfestellung von Google bei der Sucheingabe zur Smartphone Suche[17]

Bereits bei der Eingabe der Suchanfrage kann bezüglich der einfachen Fehlerbehebung positiv erwähnt werden, dass Google den Nutzer einerseits eine korrigierte Version des fehlerhaft geschrieben Begriff, sowie andererseits ergänzende Erweiterungen zur Suchanfrage, anbietet. Jedoch werden im schweren Fall der Suchanfrage „Smartphones" nicht nur aktuelle Smartphones des laufenden Jahres angezeigt, sondern zudem auch veraltete Geräte, wie beispielsweise das Samsung Galaxy A50 aus dem Jahr 2019. Weiterhin fehlt ein Vorschlag zur Aktualisierung der Suchanfrage auf das aktuelle Jahr.

---

[17] Screenshot: Google LLC (o.J.), Onlinequelle

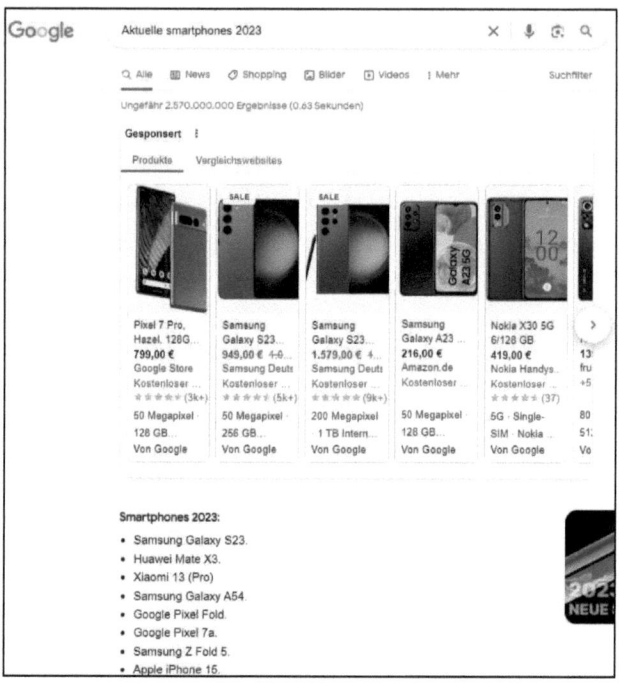

Abbildung 2: Googles Ergebnisseite zur leichten Suchanfrage „Aktuelle Smartphones 2023"[18]

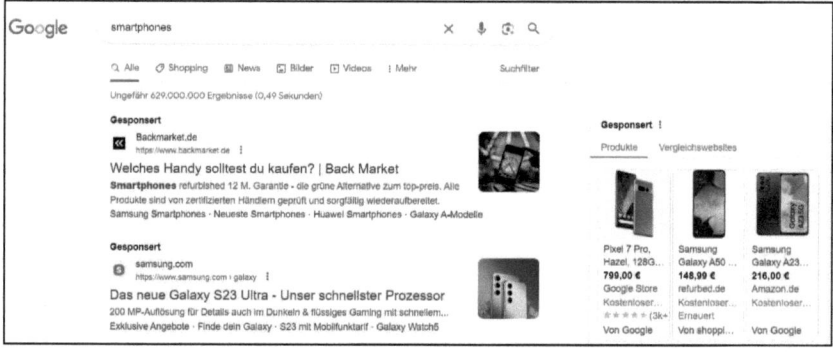

Abbildung 3: Trefferliste von Google bezüglich der schweren Suchanfrage "Smartphones"[19]

---

[18] Screenshot: Google LLC (o.J.), Onlinequelle
[19] Screenshot: Google LLC (o.J.), Onlinequelle

Wie erwartet werden in beiden Fällen am oberen Ende der Ergebnisseite die einzelnen Kategorien mit absteigender Relevanz von links nach rechts zur Individualisierung der Suchergebnisse angezeigt. Für die Smartphone Suche ist vor allem die Kategorie *Shopping* von Bedeutung, da die Suche zusätzlich bei einer Kaufentscheidung unterstützen soll. Weitere Einschränkungen der Treffer können für beide Fälle durch einen Suchfilter-Button getätigt werden.

Hinsichtlich der Aufgabenangemessenheit kann beobachtet werden, dass beide Fälle im Rahmen von knowledge panels Webseiten mit Kaufoptionen und Preisen der Smartphones bereitstellen. Beim schweren Fall ist diese Info-Box mit lediglich drei Einträgen äußerst eingegrenzt, während im leichten Fall horizontal durch eine umfangreiche Auswahl gescrollt werden kann. Überdies hinaus generiert Google im einfachen Fall eine übersichtliche Liste der relevantesten aktuellsten Smartphones. Demgegenüber ist die Auswahl der Smartphones im schweren Fall negativ zu beurteilen. Eine übersichtliche Liste ist nicht vorhanden und Geräte weichen teilweise Jahre von der geforderten Datumsangabe ab, wodurch sie ungeeignet zur Problemlösung sind.

Gemäß den Erwartungen der digitalen Immigrantin ist der Prozess von der Sucheingabe bis zur Ergebnisliste durchgängig und logisch. Die Ausgabe der Treffer wird durch großflächige Anzeigen in Form von scrollfähigen Infoboxen unterstützt, was den Auswahlvorgang erheblich erleichtert. Beide Fälle führen dabei zu Webseiten mit Kaufoptionen. Jedoch erfordern die Ergebnisse hinsichtlich ihrer Qualität im schweren Fall eine kritische Bewertung, da nicht jeder Treffer den Anforderungen entspricht.

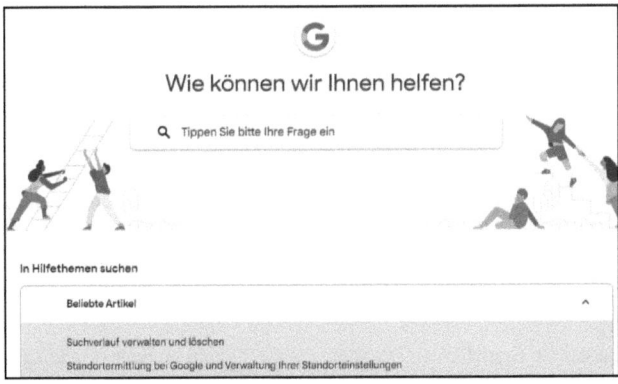

Abbildung 4: Abgegrenzter Hilfebereich von Google[20]

---

[20] Screenshot: Google LLC (o.J.), Onlinequelle

Weiterhin stellt Google dem Nutzer in beiden Fällen einen abgegrenzten Hilfebereich zur Verfügung, welcher über ein Zahnrad-Symbol erreicht werden kann. Jedoch ist der Weg zu diesem Bereich nicht sofort ersichtlich und daher schwer zu erreichen, wenn kein Vorwissen in Bezug auf die Struktur der Suchmaschine besteht. Auf dieser Seite sind grundlegende Hilfestellung in übersichtlicher Art und Weise dargestellt, sodass vor allem Personen mit wenig Kompetenzen angesichts ihrer Fragestellung fündig werden.

3.5.1.2 Use Case 2 „Literaturrecherche"

Der zweite Anwendungsfall wird als digitaler Eingeborener ausgeführt. Die Anforderungen an einen effektiven Suchprozess sind dementsprechend hoch. Die gezielte Suche nach passender Literatur für eine wissenschaftliche Arbeit soll in präzisen Treffern bei angemessener Suchzeit resultieren. Auf eine ausgeschmückte Darstellungsweise wird dabei kein großer Wert gelegt. Der einfache und präzise formulierte Fall lautet dabei „Wissenschaftliche Literatur Online-Suchmaschinen", wobei die schwere Version lediglich mit „Online-Suchmaschinen" bezeichnet wird.

Abbildung 5: Suchvorschläge von Google hinsichtlich der Suchanfrage „Online Suchm"[21]

Auch bei der Suchanfrage zur Literaturrecherche für Online Suchmaschinen unterstützt Google den Nutzer mit potentiellen Vervollständigungen im Rahmen der einfachen Fehlerbehebung. Dabei werden jedoch keine relevanten Vorschläge für wissenschaftliche Vorhaben angezeigt, was unter Berücksichtigung der breiten Auswahl an sinnvollen Begriffen bezüglich Online Suchmaschinen vernachlässigt werden kann. Rechtschreibfehler werden erneuert in korrigierter Version angeboten. Im schweren Fall zudem wird kein Suchvorschlag zur Eingrenzung der Suche anhand von passenden Begriffen angeboten, was die Anzahl an bedeutenden Treffern weiter erhöhen würde.

---

[21] Screenshot: Google LLC (o.J.), Onlinequelle

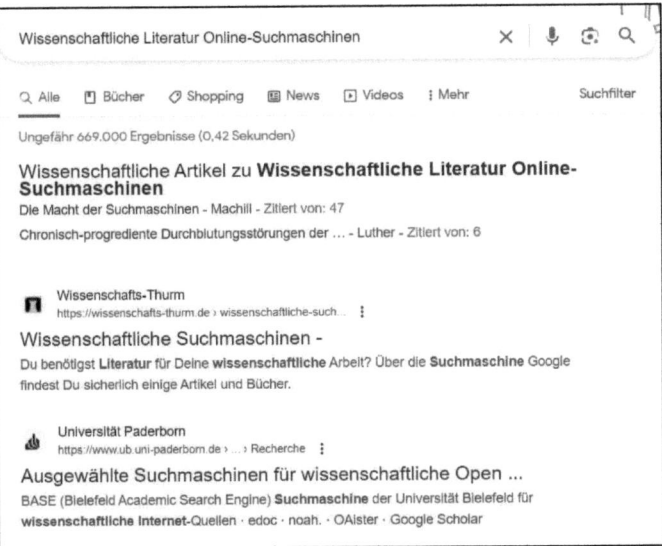

Abbildung 6: Einfache Google Suche „Wissenschaftliche Literatur Online-Suchmaschinen"[22]

Abbildung 7: Google's Suchergebnisse zur schweren Suchanfrage "Online Suchmaschinen"[23]

---

[22] Screenshot: Google LLC (o.J.), Onlinequelle
[23] Screenshot: Google LLC (o.J.), Onlinequelle

Im leichten, sowie im schweren Fall, können die Suchergebnisse individualisiert werden. Dabei wird die Kategorie *Bücher* als erste Möglichkeit zur Eingrenzung der Treffer dargestellt. Hinsichtlich der Problemstellung weißt diese die größte Relevanz auf. Zudem wird im leichten Fall direkt ein Link zum Eingrenzen aller Treffer auf wissenschaftliche Literatur angeboten, welcher im schweren Fall nicht dargestellt wird.

In Anbetracht der schweren Suchanfrage wird der Nutzer unzureichend bei der Lösung seines Problems unterstützt. Die Treffer bestehen hierbei lediglich aus einfachen Links, welche bei einer weiterführenden Suche nur mit einem erhöhten Aufwand zur erwarteten Literatur führt. Im einfachen Fall erfolgt eine Weiterleitung auf Google Scholar, welches Literatur beinhaltet, die den Ansprüchen der Zitierfähigkeit gerecht werden. Hierbei können die Titel durch weitere Kriterien gefiltert werden und vorgeschlagene Webseiten der präzisen Suchanfrage aufgrund ihrer Seriosität für weitere Recherchen verwendet werden.

Auch die Erwartungskonformität wird im schweren Fall nicht erfüllt. Der Nutzer erwartet eine einfache Darstellung relevanter Titel im Rahmen eines knowledge panels, oder einer Weiterleitung gleich dem leichten Fall. Ausgeliefert wird jedoch eine bunte Darstellung unbedeutender Grafiken und Webseiten ohne eingrenzende Vorschläge zur Filterung der Treffer. Die Suche könnte zwar selbst gefiltert werden, dies würde jedoch der Erwartung an ein schnelles Suchergebnis widersprechen. Im leichten Fall werden die Erwartungen an die Trefferliste durch die Weiterleitung auf spezifische zitierfähige Titel vollkommen erfüllt.

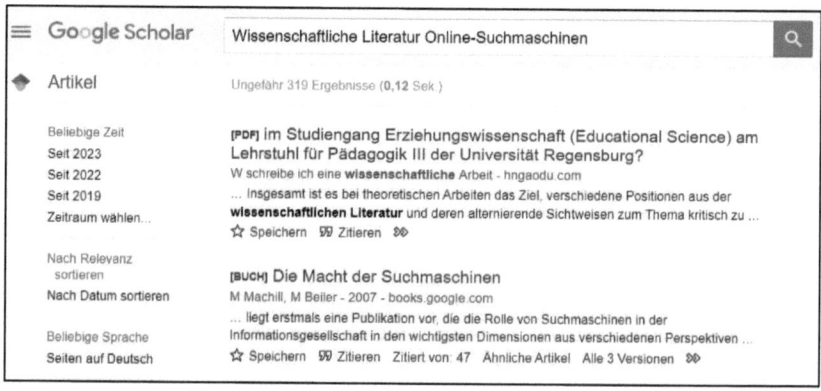

Abbildung 8: Weiterleitung auf Google Scholar im Rahmen der Literaturrecherche[24]

Für beide Fälle steht auf der Google Ergebnisseite der Zahnrad-Button zum Erreichen des Hilfebereichs zur Verfügung. Da der digitale Eingeborene Kompetenzen hinsichtlich der Bedienung einer Online-Suchmaschine besitzt ist das Auffinden dieser Umgebung kein Problem.

3.5.1.3 Use Case 3 „Bildersuche"

Der dritte und letzte Use Case, welcher mit der Online-Suchmaschine Google ausgeführt wird, bezieht sich auf die Suche nach einer herunterladbaren Bilddatei von weißen Schuhen der Marke Nike. Die auszuführende Persona ist die digitale Immigrantin, wodurch hohe Anforderungen an einen unterstützenden Suchprozess und eine schöne Darstellung der Inhalte bestehen. Die leichte Suchanfrage lautet „Nike Schuhe weiß" und der schwere Fall „Nike Schuhe".

Abbildung 9: Google's Suchvorschläge bei der schweren Suche "Nike Scuhe" mit Rechtschreibfehler[25]

Im Rahmen der einfachen Fehlerbehebung hilft Google dem Nutzer effektiv bei Suche nach Nike Schuhen. Der Rechtschreibfehler *Scuhe* wird erkannt, von Google korrigierter und in Kombination mit ergänzenden Begriffen vorgeschlagen. Sehr positiv ist dabei zu erwähnen, dass sich in den Vorschlägen der schweren Suchanfrage bereits die leichte, unmissverständliche Anfrage wiederfindet. Vorteilhaft ist zudem, dass die Treffer der Ergebnisseite automatisch der Suchanfrage ohne Rechtschreibfehler entsprechen, wobei trotzdem optional nach der Version mit falscher Rechtschreibung gesucht werden kann.

---

[25] Screenshot: Google LLC (o.J.), Onlinequelle

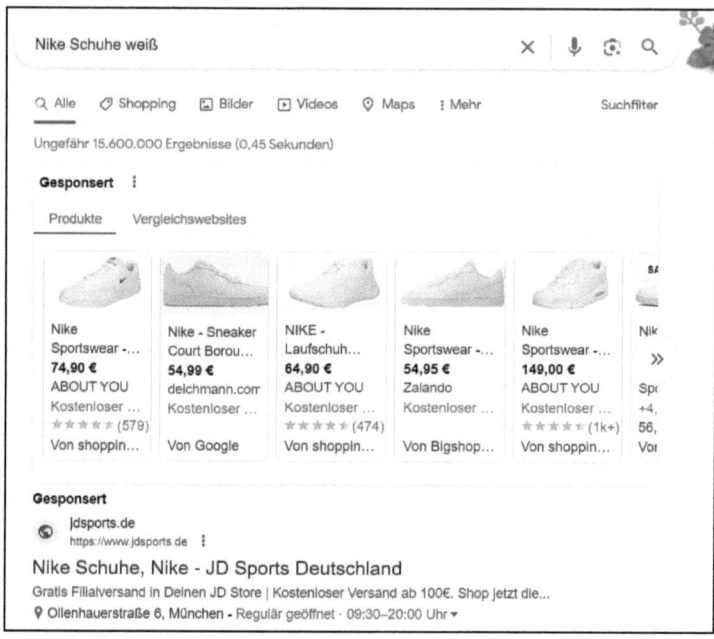

Abbildung 10: Google's Ergebnisse der leichten Suchanfrage bezüglich weißen Nike Schuhen[26]

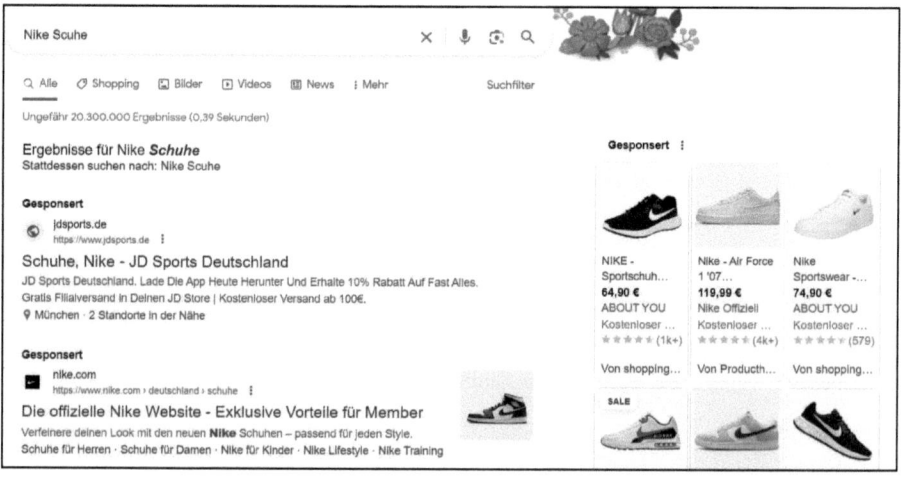

Abbildung 11: Trefferliste von Google hinsichtlich der schweren Suchanfrage „Nike Scuhe" mit Rechtschreibfehler[27]

---

[26] Screenshot: Google LLC (o.J.), Onlinequelle
[27] Screenshot: Google LLC (o.J.), Onlinequelle

Zur Individualisierung der Suchergebnisse bezüglich des gesuchten Dateityps wird für beide Fälle die Kategorie *Bilder* verwendet. Da für den schweren Fall jedoch grundsätzlich Nike Schuhe ohne farbliche Einschränkungen angezeigt werden muss hierfür noch ein spezieller Suchfilter zur Eingrenzung der Farben erfolgen. Nach dessen Anwendung werden jedoch ausschließlich weiße Schuhe angezeigt. Weitere Möglichkeiten zur Filterung sind Größe, Typ, Zeit und Nutzungsrechte.

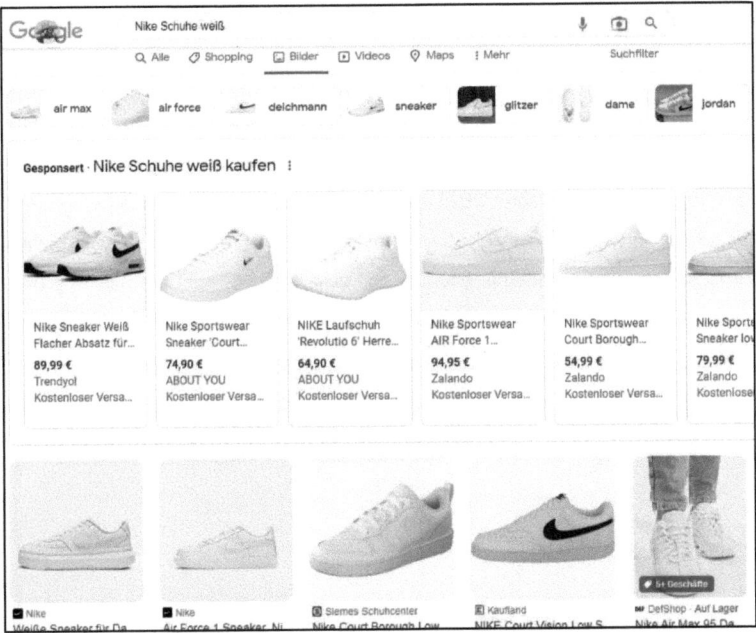

Abbildung 12: Google's Kategorie „Bilder" im leichten Suchprozess für weiße Nike Schuhe[28]

Im leichten, wie auch im schweren Fall, wird der Nutzer hinsichtlich der Aufgabenstellung mit angemessenen Lösungsvorschlägen unterstützt. Die präzise Suchanfrage gibt unmittelbar relevante Ergebnisse aus, während der schwere Fall einen weiteren Schritt durch die Anwendung eines Farbfilters benötigt. Letztendlich führen beide Suchanfragen zum geforderten Ergebnis.

Die Erwartungen des Nutzers wurden in beiden Fällen erfüllt. Die leichte Suchanfrage hat gemäß den Suchbegriffen schnell Lösungen in Form von Bilddateien ausgegeben, die weißen Nike Schuhen entsprechen. Im schweren Fall konnten die Erwartungen sogar übertroffen werden, da

---

[28] Screenshot: Google LLC (o.J.), Onlinequelle

trotz unpräziser Suchanfrage durch den Einsatz von leicht erkennbaren Filter-Buttons die Sucher-gebnisse auf die Anforderungen spezifiziert werden konnten. Alle Ausgaben erfolgten dabei in übersichtlicher Art und Weise.

In Bezug auf die Bildersuche bietet Google identisch zu den beiden anderen Use Cases der Smartphone Suche und Literaturrecherche denselben Hilfebereich an.

3.5.2 Ausführung in Bing

3.5.2.1 Use Case 1 „Smartphone Suche"

Der erste Anwendungsfall im Rahmen der Online-Suchmaschine Bing beinhaltet die Suche nach aktuellen Smartphones des Jahres 2023 zur Informationsgewinnung mit Kaufoptionen. Die Aus-führung erfolgt als digitale Immigrantin, wodurch Hilfestellungen und verständliche Darstellun-gen der Ergebnisse vonnöten sind. Die leichte Suchanfrage besteht aus den Begriffen „Aktuelle Smartphones 2023", wobei der erschwerte Fall einzig aus dem Begriff „Smartphones" besteht.

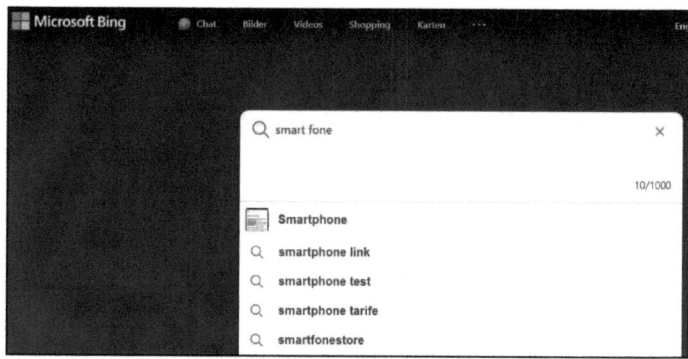

Abbildung 13: Suchvorschläge von Bing bei der schweren Suchanfrage „Smartphones" mit Rechtschreibfehler[29]

Bei der Eingabe des Suchbegriffs werden Rechtschreibfehler von Bing erkannt und in Kom-bination mit ergänzenden Begriffen als verbesserte Vorschläge angeboten. Wird jedoch der falsch eingegebene Begriff an die Suchmaschine übergeben erfolgt die Suche ohne Korrektur der Ein-gabe. Des Weiteren wird auf der Ergebnisseite kein erneuerter Suchvorschlag mit dem korrigierten Begriff vorgeschlagen, was eine explizite Fehlersuche bezüglich der Formulierung der Anfrage erfordert.

---

[29] Screenshot: Microsoft Bing (o.J.), Onlinequelle

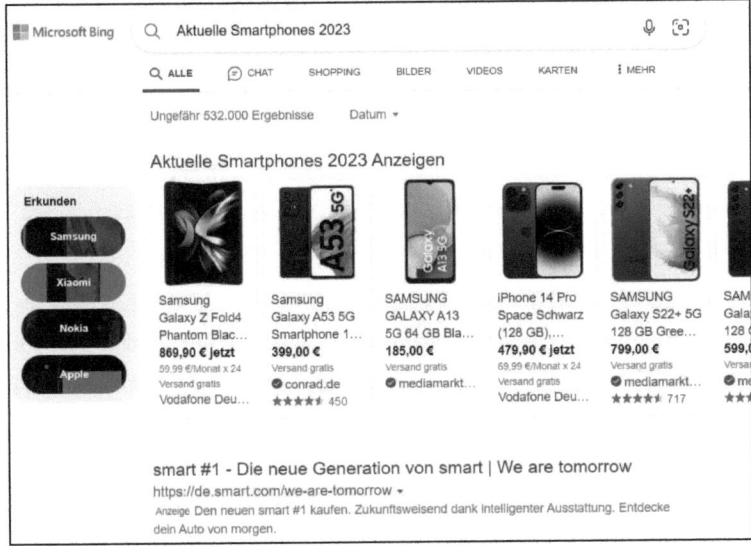

Abbildung 14: Bing's Trefferliste der leichten Suchanfrage „Aktuelle Smartphones 2023"[30]

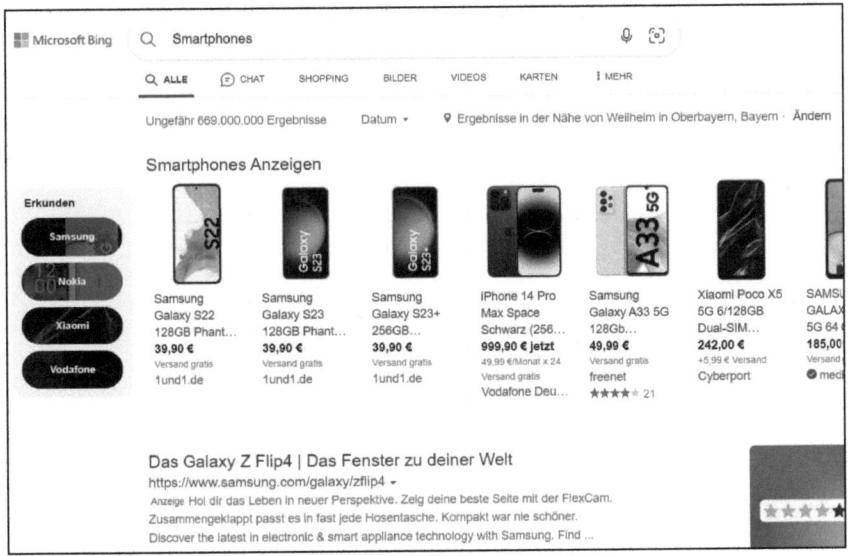

Abbildung 15: Schwere Suchanfrage „Smartphones" mit Bing[31]

---

[30] Screenshot: Microsoft Bing (o.J.), Onlinequelle
[31] Screenshot: Microsoft Bing (o.J.), Onlinequelle

Hinsichtlich der Benutzung der Suchmaschine können die ausgegebenen Treffer in beiden Fällen weiter individualisiert werden. Hierfür stehen Kategorien zur Verfügung, welche je nach Relevanz in Bezug auf die Suchanfrage absteigend von links nach rechts sortiert sind. Hervorzuheben ist weiterhin, dass Bing am linken Rand der Ergebnisseite eine Info-Box mit renommierten Herstellern bereitstellt, wodurch der Nutzer systematisch nach Geräten von bekannten Herstellern suchen kann. Weitere spezifische Suchfilter, wie Datumsangaben, können einfach über einen Knopf unter der Anzeige der Kategorien angewendet werden.

In Anbetracht der Aufgabenangemessenheit trägt Bing wesentlich zur Lösung des Problems bei. Im leichten Fall, sowie überraschenderweise im schweren Fall, werden Smartphones ausgegeben, dessen Release maximal ein Jahr zurückliegt. Dabei werden Info-Boxen dargestellt, die Kurzinformationen, wie beispielsweise Bezeichnung und Preis, beinhalten und zu Webseiten mit Kaufoptionen weiterleiten. Zusätzlich ist noch positiv zu erwähnen, dass Bing im leichten Fall zusätzlich den eigenen Standort erkennt und folglich Ergebnisse in der Nähe oben in der Trefferliste anzeigt.

Die hohe Erwartungshaltung der digitalen Immigranten hinsichtlich einer übersichtlichen und leicht verständlichen Darstellung wurde von Bing erfüllt. Dabei kommen großflächige, gut lesbare Info-Boxen für Smartphones und Hersteller zum Einsatz, welche es einem Nutzer mit wenig Vorkenntnissen leicht machen schnell Suchergebnisse einzugrenzen und folglich an Informationen zu gelangen. Auch zielführende Webseiten werden mit aussagekräftigem Titel und Kurzzusammenfassung aufgelistet.

Abbildung 16: Separater Hilfebereich von Bing[32]

---

[32] Screenshot: Microsoft Bing (o.J.), Onlinequelle

Bing bietet wie Google einen separaten Hilfebereich für Nutzer an. Das Auffinden dieses Bereichs ist jedoch nicht sofort ersichtlich, da sich der entsprechende Link am unteren Ende jeder Ergebnisseite befindet und der Nutzer zum Aufruf bis ganz nach unten gelangen muss. Im Hilfebereich selbst werden häufig gestellte Fragen mit den entsprechenden Antworten in einer listenartigen Darstellung beschrieben. Negativ ist dabei zu erwähnen, dass Bing keine Suchleiste für spezifische Fragen bereitstellt.

3.5.2.2 Use Case 2 „Literaturrecherche"

Der zweite Use Case, welcher in Bing ausgeführt wird, dreht sich um die Recherche nach wissenschaftlicher Literatur. Die Durchführung findet dabei als digitaler Eingeborener. Demzufolge soll die Suche so wenig Zeit wie möglich in Anspruch nehmen, wobei die Ergebnisse zielführend und ohne überflüssige Darstellungen ausgeliefert werden sollen. Der leichte Fall besteht dabei aus der Formulierung „Wissenschaftliche Literatur Online-Suchmaschinen", während der schwere Fall aus der Zusammensetzung der Begriffe „Online Suchmaschine" besteht.

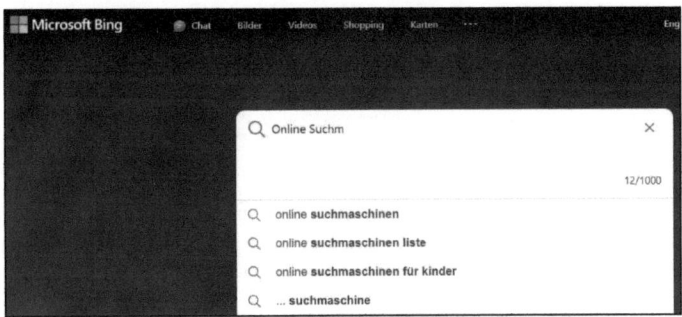

Abbildung 17: Schwere Suchanfrage „Online Suchm" mit Rechtschreibfehler in Bing[33]

Bei der Eingabe der Suchanfrage unterstützt Bing den Nutzer erwartungsgemäß bei der Fehlerbehebung von Rechtschreibfehlern und unvollständigen Ausführungen. Durch die Breite an erdenklichen Vorschlägen im Rahmen der schweren Suchanfrage werden bei der Eingabe keine passenden Vorschläge zur Literaturrecherche angeboten, was das Risiko für Irrelevante Treffer erhöht. Wird jedoch eine fehlerhaft gestaltete Suchanfrage ausgeführt ersetzt Bing diese automatisch mit einer korrigierten Version und stellt die Trefferliste anhand dieser verbesserten Suche zusammen.

---

[33] Screenshot: Microsoft Bing (o.J.), Onlinequelle

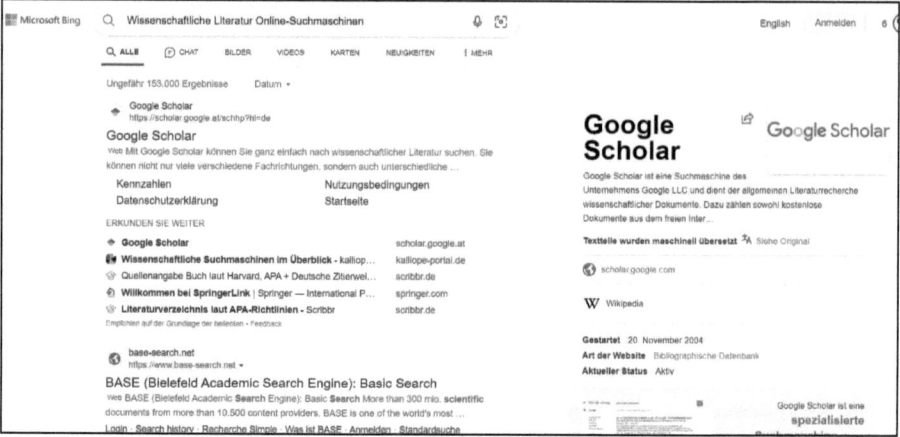

Abbildung 18: Einfache Suche „Wissenschaftliche Literatur Online-Suchmaschinen" mit Bing[34]

Abbildung 19: Schwere Suchanfrage "Online Suchmaschine" mit Bing[35]

---

[34] Screenshot: Microsoft Bing (o.J.), Onlinequelle
[35] Screenshot: Microsoft Bing (o.J.), Onlinequelle

Eine hohe Individualisierbarkeit der Trefferliste ist in beiden Fällen nicht gegeben. Nach der Eingabe der Suchanfragen existiert keine entsprechende Kategorie zur Eingrenzung der Ergebnisse auf literarische Inhalte. Stattdessen werden Webseiten mit zitierfähiger Literatur bereitgestellt, sowie im leichten Fall eine Info-Box und ein Link zu Google Scholar. Es existiert jedoch kein abgegrenzter Bereich der Suchmaschine selbst, in welchem derartige Werke effizient und übersichtlich aufgelistet werden. Somit muss sich der Nutzer mit hohem Aufwand durch die Webseiten arbeiten.

Die Aufgabenangemessenheit kann demnach nur bedingt als erfolgreich angesehen werden. Der digitale Immigrant findet zwar teilweise Webseiten, die hinsichtlich der wissenschaftlichen Arbeit verwendungsfähige Inhalte bereitstellten, jedoch ist dies mit einem großen Zeitaufwand und Risiko verbunden. Da Bing selbst keine Eingrenzung der literarischen Inhalte anbietet, ist der Link zu Google Scholar eine gute Alternative zur Minimierung der Wahrscheinlichkeit für unwesentliche Treffer. Dieser erscheint jedoch nur nach Durchführung der leichten Suchanfrage und nicht im erschwerten Fall.

Die Erwartungen an einen zeitsparen und effektiven Suchprozess konnten im Rahmen der Literaturrecherche teilweise erfüllt werden. Die Suche gibt zwar Ergebnisse aus mit welchen eine weiterführende Recherche nach zitierfähiger Literatur stattfinden kann, jedoch nicht gemäß der Erwartungshaltung der Persona. Auf Bing selbst wird die Durchgängigkeit des Suchprozesses durch das Fehlen der Eingrenzungsmöglichkeiten unterbrochen. Die geforderte übersichtliche Darstellung Literarischer Werke in Bezug auf Online-Suchmaschinen konnte nicht an den Nutzer übergeben werden.

Der Hilfebereich ist durch den digitalen Eingeborenen leicht aufzufinden, da Vorkenntnisse in Hinsicht auf die Strukturierung von Webseiten bestehen. Jedoch ist dieser Bereich weiterhin nicht sehr ausgeprägt, wodurch bestehende Fragen möglicherweise nicht adäquat beantwortet werden können.

3.5.2.3 Use Case 3 „Bildersuche"

Die Bildersuche ist der letzte Suchvorgang mit Bing. Als digitale Immigrantin sollen dabei im einfachen Fall mit der Suchanfrage „Nike Schuhe weiß" und im schweren Fall „Nike Schuhe" herunterladbare Bilddateien von weißen Schuhen der Marke Nike zur Verfügung gestellt werden.

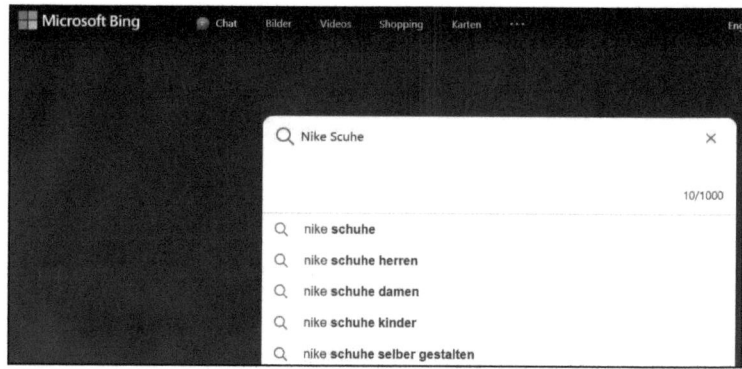

Abbildung 20: Suchvorschläge von Bing bei der schweren Suche "Nike Scuhe" mit Rechtschreibfehler[36]

Bezüglich der einfachen Fehlerbehebung kann Bing wieder mit einer automatischen Korrektur der Rechtschreibfehler überzeugen. Wird die schwere Suchanfrage in falsch geschriebener Form an die Suchmaschine übergeben schließt Bing von alleine die verbesserte Version der Anfrage in die Ausführung mit ein, bietet jedoch zusätzlich die manuelle Entfernung dieser automatischen Integrierung an.

---

[36] Screenshot: Microsoft Bing (o.J.), Onlinequelle

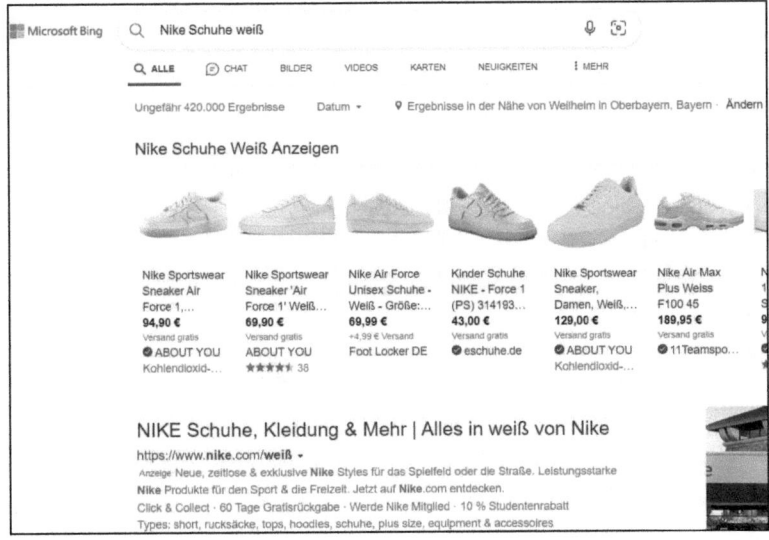

Abbildung 21: Ergebnisse der leichten Suchanfrage nach weißen Nike Schuhe in Bing[37]

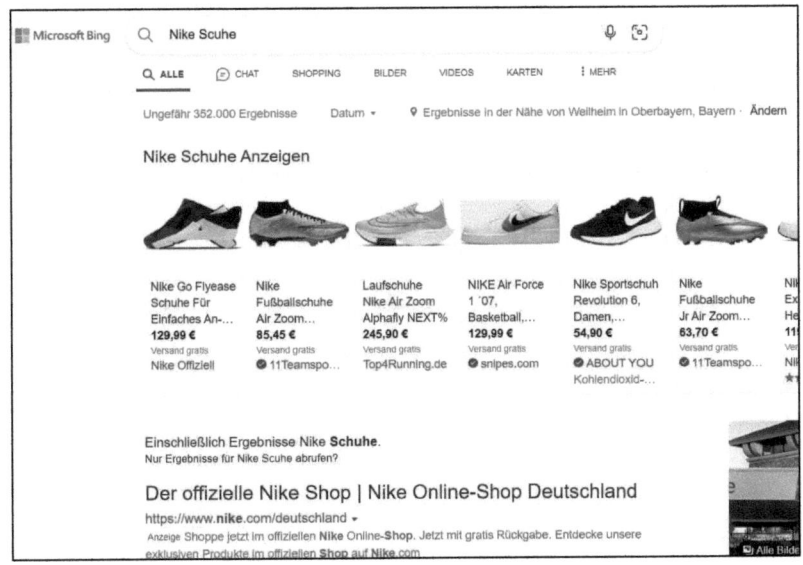

Abbildung 22: Treffer von Bing hinsichtlich der schweren Suchanfrage „Nike Scuhe" mit Rechtschreibfehler[38]

---

[37] Screenshot: Microsoft Bing (o.J.), Onlinequelle
[38] Screenshot: Microsoft Bing (o.J.), Onlinequelle

Die Ergebnisseite kann anhand der leicht zu findenden Kategorie *Bilder* auf Bilddateien individualisiert werden. Im leichten Fall reicht diese Eingrenzung, da die Suchanfrage präzise genug formuliert ist um sich ausschließlich auf weiße Schuhe von Nike beziehen zu können. Im schweren Fall können muss ein weiterer Schritt durch die Anwendung von Filteroptionen auf die Suchergebnisse erfolgen, um den fehlenden Suchbegriff bezüglich der Farbe zu kompensieren. Konkret zählen hierzu Bildgröße, Farbe, Typ, Layout, Personen Datum und Lizenz. Somit stehen deutlich mehr Filteroptionen als bei Google zur Verfügung. Zusätzlich bietet Bing prägnante Vorschläge von Schuhmodellen zur Verfeinerung der Suchanfrage innerhalb der Kategorie Bilder an, die dem Nutzer bei der Lösungsfindung unterstützen sollen. Vor allem für Personas ohne Vorwissen ist dies sehr positiv hervorzuheben.

Im schweren, sowie im leichten Fall, hilft Bing mit einem effizienten Suchprozess, und übersichtlichen Darstellungen, Lösungen hinsichtlich der Problemstellung zu finden. Zu Beginn der Ergebnisseite wird in Bezug auf die leichte Suchanfrage eine horizontal scrollfähige Info-Box mit relevanten Inhalten dargestellt. Im schweren Fall hingegen werden weitere Schritte zur manuellen Eingrenzung der Treffer benötigt. Beide Prozesse stellen dem Nutzer dennoch eine breite Auswahl an zu verwendenden Bilddateien mit dem gesuchten Motiv bereit, welche heruntergeladen werden können.

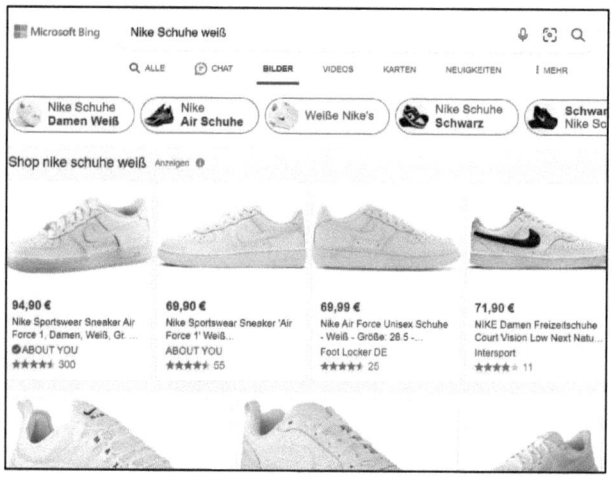

Abbildung 23: Bing's Kategorie „Bilder" im leichten Suchprozess nach Nike Schuhen [39]

---

[39] Screenshot: Microsoft Bing (o.J.), Onlinequelle

Bing verhält sich hinsichtlich des Suchprozesses erwartungskonform. Die Online-Suchmaschine unterstützt den Nutzer erwartungsgemäß bei der Formulierung seiner Suchanfrage und liefert relevante Ergebnisse. Weiterhin sind alle Darstellungen einheitlich und übersichtlich illustriert.

Der separaten Hilfebereich ist für Nutzer ohne Vorwissen weiterhin schwer auffindbar, da sich dieser am unteren Ende der Ergebnisseite befindet.

3.6 Ergebnisse aus der Umsetzung der Use Cases

3.6.1 Bewertung der Einhaltung der Usability-Kriterien

Die Bewertung der Online-Suchmaschinen Google und Bing im Rahmen der Ausführung von drei Anwendungsfällen erfolgt anhand des Ausmaßes der Einhaltung der fünf definierten Usability-Kriterien. Als Ausgangspunkt besitzt jede Suchmaschine für jedes Usability-Kriterium fünf Punkte. Dabei führt jede negative Beobachtung in der Durchführung hinsichtlich der Einhaltung dieser Kriterien der Use Cases zu einer Reduktion der Ausgangsbasis um einen Punkt. Positive Feststellungen lassen den Punktestand unverändert. Somit ergibt sich aus der Umsetzung der Use Cases aus Kapitel 3.5 die nachfolgende Tabelle.

Suchmaschine	Google			Bing		
Use Case	1	2	3	1	2	3
Einfache Fehlerbehebung	3	4	5	3	5	5
Individualisierbarkeit	4	4	5	5	2	5
Aufgabenangemessenheit	4	5	5	5	3	5
Erwartungskonformität	4	4	5	5	2	5
Anbieten einer Hilfestellung	4	5	4	3	4	3
Gesamtpunktzahl	65			60		

Tabelle 1: Bewertung der zwei Online-Suchmaschinen Google und Bing anhand von fünf Usability-Kriterien[40]

---

[40] Eigendarstellung

3.6.2 Gesamtbewertung

Schlussendlich erfolgt die Gesamtbewertung der beiden Online-Suchmaschinen Bing und Google. Unter Betrachtung von Tabelle 1 kann festgestellt werden, dass Google bezüglich der Suche nach aktuellen Smartphones Bing unterlegen ist. Dies resultiert vor allem aus dem Umfang der Unterstützung von Personas, welche kein bis wenig Vorwissen besitzt und daher auf einfache Fehlerbehebungen und verständliche Darstellungen angewiesen sind. Jedoch ist Google in Anbetracht der Literaturrecherche deutlich überlegen. Gerade die in Google integrierte Erweiterung *Google Scholar* liefert dem Nutzer effizient eine übersichtliche Trefferliste mit relevanter Literatur aus, wohingegen Bing standardmäßig Verlinkungen zu Webseiten zur Verfügung stellt. Bei der Bildersuche konnten beide Suchmaschinen mit einem durchgängigen und effektiven Suchprozess überzeugen.

Im Rahmen der drei getesteten Anwendungsfälle ist Google mit einem Gesamtpunktestand von 65 Punkten im Vergleich zu Bing fünf Punkte überlegen und kann somit insgesamt als ganzheitlich leistungsfähigere Online-Suchmaschine bewertet werden. Jedoch muss diesbezüglich von Fall zu Fall unterschieden werden. Handelt es sich um Personas mit Vorwissen, die komplexe Suchanfragen zu bewältigen haben und nicht auf eine ausgeschmückte Darstellungsweise angewiesen sind ist Google empfehlenswerter. Wird mehr Wert auf schönere und übersichtlichere Darstellungen im Rahmen von einfachen Suchanfragen gelegt kann Bing durchaus überzeugen.

Zuletzt ist noch zu erwähnen, dass beide Suchmaschinen sich stetig weiterentwickeln. Dies zeigt sich insbesondere in der durchgehenden Änderung des Marktanteils bezüglich der Nutzungshäufigkeit der Online-Suchmaschinen. Daher stellen die in dieser Arbeit vorgestellten Ergebnisse nur eine Momentaufnahme der aktuellen Situation dar, welche sich im Entwicklungsprozess der Plattformen durchaus ändern könnten.[41]

4 Schluss

4.1 Zusammenfassung

Das Ziel des vorliegenden Assignments war der Vergleich von zwei Online-Suchmaschinen. Hierfür wurden im Rahmen der Ausführung von drei konkreten Use Cases in Google und Bing fünf Usability-Kriterien definiert und dessen Einhaltung für jeden Anwendungsfall einzeln bewertet.

---

[41] Statista (2023d), Onlinequelle

Zusammenfassend hat sich aus der Arbeit ergeben, dass die Auswahl einer entsprechenden Such-maschine abhängig von der ausführenden Persona und dem auszuführenden Use Case ist, jedoch beide Webseiten Vorteile und Nachteile innerhalb der Usability-Kriterien liefern.

Zuerst wurden die theoretischen Grundlagen hinsichtlich Online-Suchmaschinen, Personas und Usability-Kriterien erläutert. Dabei erfolgte eine Beschreibung von zwei konkreten Personas. Im Anschluss daran wurde die Theorie zur Usability unter Erläuterung von drei Erfolgsfaktoren angeführt.

Nach der Darstellung der theoretischen Grundlagen fand die Definition von drei Anwendungs-fällen und fünf Usability Kriterien statt. Im Anschluss daran erfolgte die konkrete Ausführung und Bewertung der Use Cases hinsichtlich der Einhaltung der Usability-Kriterien. Hierfür wurde jeder Anwendungsfall mit den beiden Online-Suchmaschinen Google und Bing durchgeführt. Im Vor-dergrund standen dabei positive, sowie negative, Beobachtung unter Berücksichtigung der auszu-führenden Persona. Schlussendlich wurden die Beobachtungen in einer Tabelle zusammengefasst und beurteilt, gefolgt von einer Gesamtbewertung der beiden Suchmaschinen.

4.2 Kritische Würdigung

Der begrenzte Umfang der vorliegenden Arbeit ist ausschlaggebend dafür gewesen, dass die Aus-führung und Bewertung der Anwendungsfälle zwar umfassend dargestellt werden konnten, jedoch bezüglich des Detaillierungsgrad noch Steigerungspotential vorherrscht. Die Erreichung der Ziel-setzung der vorliegenden Arbeit wurde dadurch nicht beeinträchtigt und das definierte Ergebnis konnte erreicht werden.

Vor allem hinsichtlich der Definition von spezifischen Personas existieren nahezu unbe-grenzte Gestaltungsmöglichkeiten. Für diese Arbeit wurden zwei extreme Beispiele herangezogen, welche entweder sehr kompetent im Umgang mit Online-Suchmaschinen sind, oder kaum Vor-wissen besitzen. Dazwischen liegen weitere zahlreiche Charakterisierungen zur Optimierung der Bewertung einer funktionalen Webseite.

Weiterhin wurden lediglich fünf Usability-Kriterien definiert, wobei diese Anzahl durchaus erweiterbar ist. Werden mehr Kriterien beschrieben führt dies zu einer noch präziseren Bewertung der Online-Suchmaschinen.

Literaturverzeichnis

Beneken, Gerd/Hummel, Felix/Kucich, Martin (2022): Grundkurs agiles Software-Engineering – Ein Handbuch für Studium und Praxis (E-Book: pdf-Dokument), Wiesbaden.

DIN EN ISO 9241-11:2018-11 (2018): Ergonomie der Mensch-System-Interaktion - Teil 11: Gebrauchstauglichkeit: Begriffe und Konzepte (ISO 9241-11:2018); Deutsche Fassung EN ISO 9241-11:2018, Berlin.

Eichstädt, Timm/Spieker, Stefan (2021): 52 Stunden Informatik – Was jeder über Informatik wissen sollte (E-Book: pdf-Dokument), Wiesbaden.

Google LLC (o.J.): Screenshots der Suchanfragen, https://www.google.de/ (Zugriff am 17.05.2023).

Lewandowski, Dirk (2021): Suchmaschinen verstehen (E-Book: pdf-Dokument), 3. vollständig überarbeitete und erweiterte Auflage, Berlin, Heidelberg.

Microsoft Bing (o.J.): Screenshots der Suchanfragen, https://www.bing.com (Zugriff am 18.05.2023).

Preim, Bernhard/Dachselt, Raimund (2015): Interaktive Systeme – Band 2: User Interface Engineering, 3D-Interaktion, Natural User Interfaces (E-Book: pdf-Dokument), 2. Auflage, Berlin.

Quirmbach, Sonja Monika (2012): Suchmaschinen – User Experience, Usability und nutzerzentrierte Website-Gestaltung (E-Book: pdf-Dokument), Berlin, Heidelberg.

Richter, Michael/Flückiger, Markus D. (2016): Usability und UX kompakt – Produkte für Menschen (E-Book: pdf-Dokument), 4. Auflage, Berlin, Heidelberg.

Statista (2023a), https://www-statista-com.gw.akad-d.de/forecasts/998846/most-used-websites-and-online-services-by-type-in-germany (Zugriff am 20.04.2023).

Statista (2023b), https://www-statista-com.gw.akad-d.de/statistics/445974/search-engines-market-share-of-desktop-and-mobile-search-germany/ (Zugriff am 25.04.2023).

Statista (2023c), https://www-statista-com.gw.akad-d.de/statistics/216573/worldwide-market-share-of-search-engines/ (Zugriff am 07.05.2023).

Statista (2023d), https://www-statista-com.gw.akad-d.de/statistics/445974/search-engines-market-share-of-desktop-and-mobile-search-germany/ (Zugriff am 20.05.2023).

Sarman, Marcel (2023): Bing Rankingfaktoren im Vergleich zu Google, https://www.abakus-internet-marketing.de/wissen/seo-blog/online-marketing/bing-rankingfaktoren (Zugriff am 07.05.2023).